Mandalas
32 Caminhos de Sabedoria

Celina Fioravanti

Mandalas
32 Caminhos de Sabedoria

Editora
Pensamento
SÃO PAULO

Copyright © 2004 Celina Fioravanti.

Copyright © 2005 Editora Pensamento-Cultrix Ltda.

9ª reimpressão 2020.

Todos os direitos reservados. Nenhuma parte deste livro pode ser reproduzida ou usada de qualquer forma ou por qualquer meio, eletrônico ou mecânico, inclusive fotocópias, gravações ou sistema de armazenamento em banco de dados, sem permissão por escrito, exceto nos casos de trechos curtos citados em resenhas críticas ou artigos de revistas.

Este livro não poderá ser exportado para Portugal.

Desenhos das Mandalas de Vagner Vargas.

Direitos reservados para o Brasil
adquiridos com exclusividade pela
EDITORA PENSAMENTO-CULTRIX LTDA.
Rua Dr. Mário Vicente, 368 – 04270-000 – São Paulo, SP – Fone: (11) 2066-9000
E -mail: atendimento@editorapensamento.com.br
http://www.editorapensamento.com.br
Foi feito o depósito legal.

Impressão e Acabamento: Vallilo Gráfica e Editora | graficavallilo.com.br | 11 3208-5284

Introdução

Há muito o que descobrir sobre o potencial energético das Mandalas; por isso, o baralho das mandalas representa uma descoberta, para mim e para aqueles que vão usá-lo.

As Mandalas estão presentes em cada passo do meu trabalho e da minha caminhada espiritual. Já usei as Mandalas para melhorar a energia da minha casa, colorindo seus desenhos e colocando-os nas paredes. Foi a partir deles que fiz com meu filho Juarez Fioravanti um bloco de Mandalas artesanal, que depois virou um produto editorial de sucesso.

Numa etapa seguinte, usei as Mandalas como recurso terapêutico. Assim, fiz da respiração, da oração e das atividades com Mandalas uma forma de tratar problemas espirituais graves. Usando Mandalas para cura espiritual, estruturei a terapia da Religação.

Mas até este ponto, eu estava limitada a usar as Mandalas para olhar, colorir e deixar exposta a sua vibração.

Da minha associação profissional com o artista Vagner Vargas, com quem criei o Tarô Místico, minhas possibilidades com as Mandalas aumentaram. Isso acontece porque o Vagner é capaz de produzir e de traduzir em belas formas aquilo que eu idealizo, pois ele possui a técnica e a maestria.

Dessa parceria, fizemos um projeto amplo com Mandalas, que inclui um livro que trata da energia das Mandalas com mais profundidade e um CD para uso terapêutico e doméstico. Agora, fizemos este baralho, que é também acompanhado de um livreto explicativo.

O baralho, intitulado 32 CAMINHOS DE SABEDORIA, é uma forma prática de facilitar o manuseio de belas e significativas Mandalas, de modo que sua energia seja bastante aproveitada por quem necessitar dela.

Além da energia a oferecer, o baralho permite muitas outras aplicações em áreas variadas. Há mais adiante um roteiro explicativo de como usar plenamente o baralho das Mandalas, que é conveniente ler, para não perder nenhum dos seus potenciais.

Este trabalho tem na sua síntese uma estrutura cabalista, da qual os iniciados e os não iniciados em Cabala poderão se nutrir igualmente, pois o uso do baralho não exige ter o conhecimento teórico da Cabala.

Os 32 caminhos de sabedoria

Há 32 Caminhos de Sabedoria que levam a 32 Estados de Consciência. Embora muitos pensem que uma coisa é igual à outra, não é. Elas são correspondentes, mas não iguais.

Os 32 Caminhos de Sabedoria são as etapas da evolução espiritual, em todos os planos em que ela se processa. Trilhar por um Caminho de Sabedoria é cumprir uma etapa evolutiva. Nós fazemos isso encarnados ou não, de forma consciente ou não.

Ter consciência de estar num Caminho de Sabedoria é um estágio do caminho, ao qual se chega quase no final dele. Ao adquirir a consciência, a alma chega no que é chamado de Estado de Consciência, que é quando ela tira do caminho as lições que deveria ter.

Assim, um Caminho de Sabedoria leva a um Estado de Consciência que lhe corresponde, pois não é possível chegar a outro nível de consciência a não ser àquele para o qual o caminho conduz.

Na encarnação, a alma passa por quase todos os Caminhos de Sabedoria e vai extraindo de cada caminho um novo Estado de Consciência para esta vida. Por isso é que se diz que os idosos são sábios; eles já fizeram muitas caminhadas.

Como alma, há também um projeto evolutivo que leva pelos 32 Caminhos de Sabedoria, só que isso é feito em outro nível, num espaço de tempo muito mais longo. Isto é, nesta vida, como nas anteriores e subseqüentes, você pode ficar indo e vindo pelo mesmo caminho, até cumprir como alma o seu projeto evolutivo.

Neste ir e vir pelo mesmo caminho, você trabalha seus relacionamentos kármicos, aprimora seus canais receptivos de contato com o plano espiritual, limpa resíduos dos erros, é testado. O trabalho dos Caminhos de Sabedoria no nível da evolução espiritual é lento e muito profundo.

As cartas do baralho das Mandalas contêm símbolos que ativam ainda mais seus Caminhos de Sabedoria da vida presente, mas elas permitem que você saiba como é uma caminhada espiritual e possa perceber o que está acontecendo com a sua alma em relação ao seu projeto evolutivo.

Veja a seguir como usar as cartas dos 32 Caminhos de Sabedoria.

Como usar as cartas das Mandalas

As cartas possuem significados básicos, que você encontra no início do texto relativo a cada uma. Esses significados expressam o potencial da Mandala de acordo com o Caminho de Sabedoria e o Estado de Consciência relacionados a ela.

Lendo o texto você descobrirá o que o caminho ativa, como a Mandala atua no inconsciente, a qual estado de consciência ela conduz. Assim, você poderá saber como ela trabalha a sua energia.

A melhor maneira de aproveitar a energia das 32 cartas das Mandalas é deixá-las à mostra e olhar para elas. A visão das Mandalas é capaz de ativar o corpo físico e a energia vital, estimulando a cura do corpo e da alma e melhorando os processos mentais.

Como isso funciona?

Uma Mandala é um campo de vibração. Sua emanação tem o poder de reestruturar aquilo com que essa energia faz contato. Uma Mandala tem uma estrutura numérica, um esquema de cores e de formas que não são colocadas ali ao acaso.

Quando uma Mandala é criada dentro dos esquemas corretos, nos quais são consideradas as formas, as cores e a numerologia, ela tem a capacidade de modificar a energia.

Há duas maneiras de selecionar uma carta de Mandala: deixar ao´acaso ou seguir uma ordem seletiva.

Se você vai deixar ao acaso, coloque as cartas com as ilustrações voltadas para baixo e tire uma. Comece com essa; ela será a Mandala com a qual você vai trabalhar.

Repita o processo cada vez que quiser outra Mandala. Esse modo de escolher cartas é interessante quando se quer usar as cartas como oráculo ou para selecionar uma meditação para o momento.

Se quiser, você pode optar por começar a sua ligação com a energia das Mandalas pela Mandala 1 e seguir a ordem numérica, passando para a de número 2 quando quiser mudar. Essa seqüência é interessante porque você passará ordenadamente pelos 32 Caminhos de Sabedoria, ativando cada potencial de consciência na ordem em que eles são colocados. É como fazer simbolicamente uma caminhada evolutiva.

Ao usar uma carta de Mandala como oráculo, ela adquire uma função diferente, que não está mais voltada para a modificação da energia física ou espiritual. Nesse caso, você vai conhecer aquilo que a Mandala possui como potencial informativo. Se decidir fazer isso, retire uma carta ao acaso e leia a informação oracular da Mandala.

Como oráculo, a Mandala está ligada a uma atividade sagrada e não deve ser usada com abuso. Não exagere nas suas perguntas, fazendo-as com muita constância ou repetindo-as. Qualquer oráculo se fecha a quem não respeita a sua função e banaliza o seu uso.

No dia em que for fazer uma consulta às cartas, isole-se, pense profundamente sobre o que quer saber e depois tire uma carta. Leia o texto que explica os significados possíveis da carta e interprete a mensagem obtida dentro da consulta que você fez e dentro da sua realidade.

No final do texto relativo a cada carta de Mandala há uma meditação. Ela é uma pequena oração ou ativação da energia da Mandala. Essa meditação ajuda a movimentar a energia da Mandala, uma vez que contém os nomes místicos e os títulos que essa Mandala possui.

No final da meditação, há uma invocação aos seres que estão no Caminho de Sabedoria que a Mandala representa. São esses seres que guardam o caminho e facilitam a sua caminhada por ele.

Os 32 Caminhos de Sabedoria

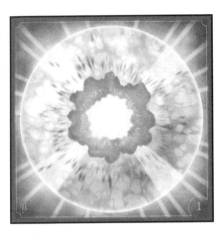

Mandala 1: o 1º Caminho

Este caminho significa vontade. Ele representa tanto a vontade divina quanto a vontade individual.

O 1º Caminho ativa as possibilidades de renovação. Nele, uma vontade superior à nossa ambição material realiza ou provoca modificações. O que acontece neste caminho tem benefícios cujo alcance nem sempre são entendidos de imediato. O passado é atualizado, o presente é modificado e o futuro pode ser planejado. Ele ativa a semente do futuro. A Mandala do 1º Caminho atua sobre o inconsciente produzindo movimentos criativos.

A Mandala 1 leva ao estado de consciência mais elevado possível. É como se todos os outros estados fossem uma preparação para chegar a esse ponto, no qual a alma torna-se una com o Criador. Esse estado de consciência é equivalente ao estado divino de consciência, a Consciência Extraordinária.

Quando você tirar a Mandala 1, este é o momento para dar mais atenção à sua vida espiritual, procurando fazer a religação com Deus e suas infinitas fontes de alimento para a alma.

Seu corpo pede exercícios destinados a melhorar a respiração, o que será fonte de mais energia. Para ativar a mente neste momento, o uso de técnicas de concentração está indicado. As orações serão muito importantes, pois permitirão maior conexão com Deus.

Como oráculo, a Mandala 1 traz as seguintes informações:
• Há muita proteção espiritual.
• Acontecerão aberturas em mais de uma área da sua vida.
• A sua vontade vai prevalecer acima da vontade dos outros.
• Aproveite para renovar algo na sua vida.
• Faça planejamentos a longo prazo.

MEDITAÇÃO PARA A MANDALA 1

Admirável Inteligência, cuja essência é pura luz!

Em Ti minha vontade pode transcender e o inesgotável jorro de Tua fonte traz a semente do meu futuro.

Na Coroa Suprema da Primeira Glória, vislumbro a vontade da Tua Inteligência Oculta.

Metatron e Haioth ha Qaodesh, vossa ajuda eu invoco.

Mandala 2: o 2º Caminho

Este caminho significa sabedoria. Ele é representativo da sabedoria superior e interior. O 2º Caminho ativa a nossa disposição de viver. Ele enche o coração de êxtase pela contemplação da divina obra da Criação, que é perfeita. Um ser humano não anda por este caminho; apenas pode saber da sua existência e almejar alcançá-lo. Nele se dá a fertilização, em todos os planos.

A Mandala do 2º Caminho atua sobre o inconsciente, produzindo ligação com o lado paternal da existência.

A Mandala 2 leva ao estado de consciência que faz receber informações como um sopro de vida. É um alento purificador e luminoso que esclarece as questões mais difíceis, a Consciência Esplêndida.

Quando você tirar a Mandala 2, este é o momento para melhorar a sua ligação com o Pai Divino e receber de seu pai carnal apoio valioso.

Seu corpo pede uma atitude que não o sobrecarregue com química ou alimentos pesados; sua energia vai melhorar se você der mais atenção à sua nutrição. Sua mente será favorecida se puder limpar dela os pensamentos negativos, que interferem na sua conexão com Deus.

Como oráculo, a Mandala 2 traz as seguintes informações:
- Há algo que precisa ser fertilizado em sua vida.
- Procure ajudar ou ficar mais perto de seu pai ou padrinho.
- Dê atenção a tudo o que você precisa deixar livre para se desenvolver.
- Não faça contato com vibrações inferiores.
- Ouça e leia palavras de sabedoria.

MEDITAÇÃO PARA A MANDALA 2

Inteligência que ilumina, segunda Glória que coroa a Criação!

O que fertilizas expande-se sem limites materiais que
o contenha, pois vem da Coroa da Criação.

No Esplendor da Unidade Suprema, posso vislumbrar a
Fonte que é procurada por todos.

Ratziel e Aufanim, vossa ajuda eu invoco.

Mandala 3: o 3º Caminho

Este caminho significa inteligência. Ele simboliza a aplicação correta das capacidades intelectuais que abrem o entendimento.

O 3º Caminho ativa todos os movimentos que acentuam a fé interior e a fé grupal. Ele traz à luz o projeto divino para cada ser e dá a cada um a capacidade de percebê-lo. Estar neste caminho equivale a aceitar o colo protetor e alimentador da Grande Mãe.

A Mandala do 3º Caminho atua sobre o inconsciente produzindo ligação com o lado maternal da existência.

A Mandala 3 leva ao estado de consciência que reconhece o valor da santidade, no qual a fidelidade às crenças interiores é estimulada. Através da geração desse estado de consciência, o ser recebe muita ajuda e pode distribuir a sua fé. É a Consciência Santificada.

Quando você tirar a Mandala 3, este é o momento para melhorar sua ligação com a Mãe Divina e receber de sua mãe carnal apoio valioso.

Para o seu corpo refletir maior bem-estar, é preciso acreditar na sua constituição divina e usar a energia da água. Sua mente deve deixar os excessos de racionalização e abrir-se para fazer conexão com Deus através da intuição.

Como oráculo, a Mandala 3 traz as seguintes informações:

- Há algo que precisa ser gerado na sua vida.
- Procure ajudar ou ficar mais perto de sua mãe ou madrinha.
- Dê atenção a tudo o que precisa ser alimentado para se desenvolver.
- Não faça contato com vibrações agressivas.
- Este é o momento de fazer crescer e multiplicar.

MEDITAÇÃO PARA A MANDALA 3

Inteligência Santificada, fonte Criadora da Fé!

De Tua Sabedoria Primordial as virtudes emanam e abastecem as raízes da fé humana.

De Marah, o Grande Mar, recebo ampliação em todas as áreas e entendo a minha Visão do sofrimento humano.

Tzaphkiel e Aralim, vossa ajuda eu invoco.

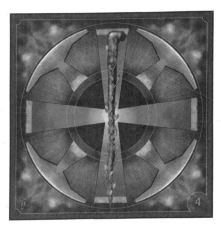

Mandala 4: o 4º Caminho

Este caminho significa bondade. Ele representa o recebimento de uma graça ou de um dom muito especial.

O 4º Caminho ativa a expressão do dom recebido e manifesta a vontade divina de como o ser deve usar esse dom. As idéias divinas são projetadas sobre o caminho por mentes superiores, de modo que há estímulo para que tudo se concretize com muita facilidade. Os Mestres atuam com os Discípulos.

A Mandala do 4º Caminho atua sobre o inconsciente, produzindo as condições ideais para usufruir de uma bênção.

A Mandala 4 leva ao estado de consciência no qual cada um se torna um canal de boas vibrações, enviadas pela luz divina. A quantidade de energia que se recebe e distribui é equilibrada, passando a ter uma ligação mais estável com as fontes divinas de energia. Por isso, é chamada de Consciência Permanente.

Quando você tirar a Mandala 4, este é o momento para alimentar o corpo com a energia do elemento terra, que cria estabilidade. A mente pode fazer conexão com Deus através de cristais e antigos minerais.

Como oráculo, a Mandala 4 traz as seguintes informações:
• Talvez seja o momento de buscar o que é seguro e sólido.
• Prepare-se para receber uma graça especial, usufrua dela.
• Cuide mais do seu lar.
• Aceite a encarnação presente.
• Expresse mais o sentimento de alegria pelo que já possui.

MEDITAÇÃO PARA A MANDALA 4

Inteligência Receptora, Visão do Amor!

Tu és a emanação mais bela da Coroa Suprema, um presente de Amor, que só merecem os mais preparados.

Coesão e Medida são feitas na justa Majestade, para a Ordem Divina ser respeitada.

Tzadiel e Hasmalim, vossa ajuda eu invoco.

Mandala 5: o 5º Caminho

Este caminho significa rigor. Ele é representativo da justiça superior, que não vacila em fazer a sua avaliação.

O 5º Caminho ativa os processos de limpeza, que se tornam necessários a partir deste momento. Ele iguala todos os buscadores, que neste ponto precisam passar por provas e sair delas purificados. A responsabilidade passa a ser entendida e o Discípulo precisa reafirmar seu desejo de evoluir.

A Mandala do 5º Caminho atua sobre o inconsciente, produzindo estados mentais que facilitem os testes e as purificações.

A Mandala 5 leva ao estado de consciência que permite entender o grande trabalho de limpeza que deve ser feito, coloca essa necessidade no mais profundo interior e por isso é chamada de Consciência Enraizada.

Quando você tirar a Mandala 5, este é o momento para deixar o seu corpo mais leve e usar toda a energia acumulada. O elemento ar, absorvido em lugares altos ou perto de árvores, é indicado. Sua mente deve participar da ação modificadora, para que a conexão com Deus seja de novo completamente pura.

Como oráculo, a Mandala 5 traz as seguintes informações:
- É hora de esquecer as marcas do passado.
- Não abrigue sentimentos que possam envenená-lo.
- Você terá que se desfazer de alguma coisa.
- Este é um momento de muita evolução.
- Há muita oposição a vencer para continuar nas suas atividades.

MEDITAÇÃO PARA A MANDALA 5

Inteligência Radical, Grito da Justiça!

Em Ti a Visão do Poder me é dada e sem Medo me purifico,
para que eu possa tornar-me mais branco que a neve.

A coragem para separar a luz das trevas vem de Ti.

Kamael e Serafim, vossa ajuda eu invoco.

Mandala 6: o 6º Caminho

Este caminho significa equilíbrio. Ele simboliza o momento em que a limpeza feita no estágio anterior facilita a harmonia interior.

O 6º Caminho ativa a multiplicação das influências divinas, que são aproveitadas ao máximo. A luz divina penetra tudo e toda semente frutifica. A harmonia gerada neste ponto é de qualidade superior e faz o buscador sentir em seu coração aquilo que é representado pelo amor de Cristo.

A Mandala do 6º Caminho atua sobre o inconsciente, produzindo a capacidade de usar os potenciais da alma para o bem.

A Mandala 6 leva ao estado de consciência desperto, onde é possível fazer uso da experiência e realizar correções imediatas no rumo. Você fará uma avaliação e escolherá quais associações vibracionais deseja para si. O discernimento que existe neste ponto é chamado de Consciência da Diferenciação.

Quando você tirar a Mandala 6, este é o momento para sentir no seu corpo a energia plena do amor. Sua mente sentirá muito alívio se parar de ter pensamentos rancorosos ou vingativos; assim, a sua conexão com Deus será mais espontânea.

Como oráculo, a Mandala 6 traz as seguintes informações:
- Momento de ver frutificar.
- Excelente fase para usufruir do amor, dando e recebendo.
- Se precisa trabalhar o perdão, esta é a hora certa de fazer isso.
- É preciso servir e doar.
- Aprender a dizer não faz parte das suas necessidades.

MEDITAÇÃO PARA A MANDALA 6

Inteligência de Influência Mediadora, Semente Frutificada!

Em Ti o Semblante Menor é visto, o Amor do Filho é manifesto.

*A Compreensão dos Mistérios do Sacrifício chega
e tem a sua dimensão esclarecida.*

Micael, Rafael e Malachim, vossa ajuda eu invoco.

Mandala 7: o 7º Caminho

Este caminho significa vitória. Ele representa a energia pura a resplandecer sobre a alma.

O 7º Caminho ativa a inspiração e sua manifestação surge em todas as áreas. As realizações belas e sensíveis que estão neste caminho surgem de aptidões que até então permaneciam ocultas. O que é feito não será visto com os olhos, mas com a visão da alma, que está voltada para o interior. Na prática, as realizações se expressarão em atitudes, palavras, obras e escritos delicados e graciosos.

A Mandala do 7º Caminho atua sobre o inconsciente produzindo muito interesse e ligação com a estética.

A Mandala 7 leva ao estado de consciência que produz a harmonização entre a inspiração e a realização efetiva. A chave neste ponto é a intenção, que ajuda a superar os obstáculos materiais, os quais precisam ser ultrapassados, senão a inspiração não passará de um anseio da alma. Este estado é chamado de Consciência Oculta.

Quando você tirar a Mandala 7, este é o momento para fazer aquilo que vai embelezar o seu corpo, pois trazer essa energia para si é importante.

A mente recebe muita inspiração e está em plena conexão com Deus através da arte, em todas as suas formas de expressão.

Como oráculo, a Mandala 7 traz as seguintes informações:
- Use suas mãos para produzir algo belo.
- Elimine tudo o que é grosseiro em si.
- Você poderá ganhar dinheiro com a arte.
- Coloque suas inspirações em ação.
- Aprimore sua expressão verbal.

MEDITAÇÃO PARA A MANDALA 7

Inteligência Oculta, Irmão mais Novo!

Teu Brilho Resplandecente traz a beleza e a inspiração da Rosa Oculta.

Esplendor Refulgente, Vitória expressa nas minhas palavras e ações.

Haniel e Elohim, vossa ajuda eu invoco.

Mandala 8: o 8º Caminho

Este caminho significa verdade. Ele é representativo dos princípios básicos que estão em tudo. O 8º Caminho ativa o intelecto e faz buscar um equilíbrio entre tendências opostas na alma. O rigor e a aceitação precisam ser administrados para poderem trabalhar em harmonia no interior e no exterior dos seres. Neste ponto é feita a preparação para que os outros caminhos possam ser bem trilhados.

A Mandala do 8º Caminho atua sobre o inconsciente, produzindo impulsos para a racionalização, em detrimento da intuição.

A Mandala 8 leva ao estado de consciência que permite alcançar a serenidade, que é obtida quando há equilíbrio e controle mental. O buscador, ao chegar neste ponto, deveria interessar-se por técnicas de administração das forças da mente. Quem está mergulhado neste caminho busca a perfeição e quer entender a leis do funcionamento do Universo. Ele é chamado de Consciência Perfeita.

Quando você tirar a Mandala 8, este é o momento para tratar seu corpo de maneira equilibrada; busque a energia na ação e no repouso, no doce e no salgado. A mente deve ser controlada e o rigor deve ser temperado com a tolerância; assim, a conexão com Deus será fácil.

Como oráculo, a Mandala 8 traz as seguintes informações:
- Este é o momento para lidar com papéis e justiça.
- Você pode cobrar o que lhe devem, pois receberá.
- Coloque limites bem definidos para seus filhos.
- Agora, prefira usar a razão; deixe a intuição adormecida.
- Os estudos trarão sucesso no futuro.

MEDITAÇÃO PARA A MANDALA 8

Inteligência Perfeita e Absoluta, Templo Menor!

Em Ti a Glória habita e na Esfera da Magnificência são preparados os Princípios Equilibradores.

A Inteligência Perfeita faz compreender o Mistério Primordial.

Rafael, Micael e Beni Elohim, vossa ajuda eu invoco.

Mandala 9:
o 9º Caminho

Este caminho significa fundamento. Ele simboliza as bases para a existência corpórea e material.

O 9º Caminho ativa todas as mudanças, pois reconstitui a expressão dos caminhos anteriores e facilita a sua compreensão, refletindo suas qualidades no plano material da existência. Neste ponto, o buscador precisa traduzir as mensagens que recebe dos planos superiores, de maneira que elas se tornem claras e aproveitáveis para a sua realidade física.

A Mandala do 9º Caminho atua sobre o inconsciente, produzindo impulsos que não são controlados pela vontade. Há muitas mensagens em sonhos, e informações sutis são recebidas.

A Mandala 9 leva ao estado de consciência intuitivo, que é oposto ao anterior. Para estar neste nível, é preciso harmonizar formas mentais antagônicas e selecionar de maneira determinada e lenta cada imagem do espelho mental. Ele traz como resultado a Consciência Pura.

Quando você tirar a Mandala 9, este é o momento para interpretar as mensagens do seu corpo e buscar energia na água. A mente está fértil e, para estabelecer conexão com Deus, é necessário visitar outros mundos em projeção.

Como oráculo, a Mandala 9 traz as seguintes informações:
• Neste momento, as mulheres serão de grande ajuda.
• Há algo oculto, que você deve investigar.
• Tenha calma e seja prudente.
• Nas suas palavras, evite ser confuso, vago ou fraco.
• Investigue as imagens que aparecem nos seus sonhos.

MEDITAÇÃO PARA A MANDALA 9

Inteligência Pura, Visão do Mecanismo do Mundo!

Na Tua Esfera da Ilusão fico envolvido, em Teu Depósito
de Imagens eu me perco.

Quero entender Tuas Mensagens, combinar tuas Numerações.

Gabriel e Aishim, vossa ajuda eu invoco.

Mandala 10: o 10º Caminho

Este caminho significa chegar ao Reino. Ele simboliza alcançar uma forma superior de contato espiritual.

O 10º Caminho ativa o encontro com os Seres Angelicais. Ele ajuda a aceitar a encarnação e facilita todas as realizações materiais, para quem trabalha permanentemente. O buscador, neste ponto, tem que se envolver com assuntos práticos e dar conta deles; senão fica impedido de ir adiante.

A Mandala do 10º Caminho atua sobre o inconsciente, produzindo orientações superiores para os assuntos materiais com os quais se está envolvido.

A Mandala 10 leva ao estado de consciência que facilita a compreensão da importância de uma base material sólida para o trabalho espiritual da alma. A força do desejo está em expansão e isso pode tanto ajudar como atrapalhar. O ser verá que já fez muito, mas ainda há muito a fazer. Esta etapa é chamada de Consciência Cintilante.

Quando você tirar a Mandala 10, este é o momento para expressar o desejo do seu corpo e receber energia dos elementos terra e fogo. A mente pode ajudar a escapar das redes físicas e permitir que faça conexão com Deus.

Como oráculo, a Mandala 10 traz as seguintes informações:
• Trate de seus assuntos materiais com empenho.
• Este é o momento em que você pode esperar resultados financeiros.
• Período favorável para quem quer fazer uma construção.
• Dê forma aos seus impulsos interiores.
• Proporcione a si mesmo algum tipo de prazer físico.

MEDITAÇÃO PARA A MANDALA 10

Inteligência Resplandecente, Portal das Lágrimas!

Em Ti, a Mãe Inferior molda a forma, a Noiva realiza sua união com a matéria e a Rainha colhe os grãos.

No Altar do Cubo Duplo, faço a minha oferenda.

Sandalfon e Querubim, vossa ajuda eu invoco.

Mandala 11: o 11º Caminho

Este caminho significa escolha superior. Ele representa o impulso espontâneo da alma, que leva de volta a Deus.

O 11º Caminho ativa os processos seletivos da alma e aponta para os comportamentos que precisam ser ajustados. Há um véu cobrindo a face dos desígnios divinos, e só a escolha correta, feita com análise criteriosa, permitirá que se retire esse véu. A causa das causas será descoberta.

A Mandala do 11º Caminho atua sobre o inconsciente, produzindo a noção da importância das escolhas que serão feitas.

A Mandala 11 leva ao estado de consciência desperto, que permitirá dar grandes passos. Neste ponto, o buscador poderá ficar livre das limitações dos quatro elementos e ambicionar o controle energético consciente de seus potenciais. É chamada de Consciência Límpida.

Quando você tirar a Mandala 11, este é o momento para colocar a energia dos quatro elementos no seu corpo. A mente fará com facilidade uma melhor conexão com Deus.

Como oráculo, a Mandala 11 traz as seguintes informações:
• Há uma escolha que precisa ser feita com cuidado.
• Este é o momento de ver algo começar.
• Um filho pode estar para chegar.
• Aproveite para namorar.
• Cuide do nariz e da respiração.

MEDITAÇÃO PARA A MANDALA 11

Inteligência de Fogo, Causa de Tudo!

Em Ti busco fazer a minha escolha e deixo a Vontade Suprema me guiar.

Querubins e Serafins, vossa ajuda eu invoco.

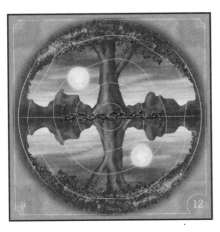

Mandala 12: o 12º Caminho

Este caminho significa expansão. Ele representa o crescimento e a ampliação das metas evolutivas.

O 12º Caminho ativa o entendimento e faz compreender as regras divinas que facilitam a expansão da consciência. Os processos para alcançar resultados e a geração em todos os níveis acontecem para o buscador durante a sua caminhada neste ponto evolutivo.

A Mandala do 12º Caminho atua sobre o inconsciente, produzindo intuições acertadas que servirão como um guia seguro.

A Mandala 12 leva ao estado de consciência plena do que é preciso fazer pela sua evolução. O véu é levantado e um mundo se abre à frente do caminhante espiritual. Há muita sensibilidade para perceber tudo com limpidez; por isso este caminho é chamado de Consciência Clara.

Quando você tirar a Mandala 12, este é o momento para cuidar melhor da sua nutrição e alimentar o seu corpo corretamente, pois a energia que receberá dos alimentos é essencial. A mente recebe informações intuitivas que facilitam a conexão com Deus.

Como oráculo, a Mandala 12 traz as seguintes informações:
• Você terá muita expansão material.
• Veja o que espera para ser nutrido por você.
• Dê atenção a seios, ovários e útero ou próstata.
• Cuide da alimentação das suas crianças e da sua própria.
• Use as suas intuições com segurança.

MEDITAÇÃO PARA A MANDALA 12

Inteligência da Luz, Imagem do Magnífico!

Em Ti encontro a Luz Interior e me abasteço nessa Semente Divina.

Tronos e Serafins, vossa ajuda eu invoco.

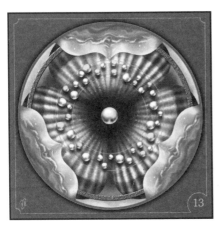

Mandala 13: o 13º Caminho

Este caminho significa razão. Ele simboliza o uso da inteligência para atender assuntos emocionais.

O 13º Caminho ativa a paixão e faz usar a vontade da mente para alcançar os desejos. Neste caminho, a busca da beleza é uma preocupação do buscador, que passa a almejar o que é grande. A ambição se manifesta em todos os planos da existência e a vontade divina aceita que se queira mais.

A Mandala do 13º Caminho atua sobre o inconsciente produzindo pensamentos lógicos e definindo metas concretas.

A Mandala 13 leva a um estado de consciência racional e comunicativo, no qual a disciplina tem muito valor. Essas qualidades, se atendidas, se transformam numa força de elevação poderosa, que facilita a união com os planos superiores. Este ponto da caminhada é chamado de Consciência da Coesão da Unidade.

Quando você tirar a Mandala 13, este é o momento para cuidar do embelezamento do corpo e tirar energia da vaidade. A mente está lógica e, através da força das palavras, é feita a conexão com Deus.

Como oráculo, a Mandala 13 traz as seguintes informações:
• Faça um tratamento de beleza.
• Não faça gastos que gerem dívidas.
• Atenção a estados depressivos; podem ser um ataque espiritual.
• Cuide dos nervos.
• Não imponha a sua vontade com agressividade.

MEDITAÇÃO PARA A MANDALA 13

Inteligência Indutiva da Unidade, Belo Coração!

Em Ti estão a fusão do Pensamento com o Desejo; unifica-os no meu Coração para que minha Mente seja tranquilizada.

Serafins e Virtudes, vossa ajuda eu invoco.

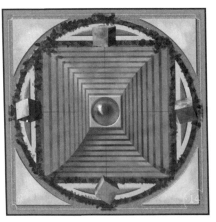

Mandala 14: o 14º Caminho

Este caminho significa poder. Ele é representativo da realização que se processa com intensidade no plano material.

O 14º Caminho ativa a percepção e a utilização daquilo que foi criado no mundo físico. Ele estimula a busca da perfeição e, quando está nele, as leis naturais são consideradas pelo buscador. Há uma clara noção do que deve ser realizado e de como o bem de todos deve ser respeitado.

A Mandala do 14º Caminho atua sobre o inconsciente, produzindo discernimento para dar continuidade ao processo evolutivo.

A Mandala 14 leva ao estado de consciência que cria circunstâncias favoráveis aos empreendimentos materiais. Concretizam-se ações efetivas, formam-se grupos de atuação e há integração entre os poderosos. A base para toda essa poderosa movimentação está na ação dos mais sábios e experientes. Esta é a chamada Consciência de Iluminação. Quando você tirar a Mandala 14, este é o momento para exercitar e treinar o corpo, pois há aproveitamento da energia física. A mente busca soluções práticas, embora não esteja preocupada em fazer conexão com Deus.

Como oráculo, a Mandala 14 traz as seguintes informações:
• Fará bons negócios ou vai iniciar uma construção.
• Terá dificuldade com sócio ou uma disputa pelo poder no trabalho.
• Controle a pressão arterial.
• Procure ser mais afetivo, romântico e amoroso.
• Evite a irritação e discussões.

MEDITAÇÃO PARA A MANDALA 14

Inteligência que Ilumina,

União da Sabedoria Divina com o Entendimento Superior, por Ti eu sou guiado e cresço na matéria do Mundo Cristalizado.

Querubins e Tronos, vossa ajuda eu invoco.

Mandala 15: o 15º Caminho

Este caminho significa dever. Ele simboliza aquilo que é correto e necessário para que um ser se torne um eleito no coração de Deus.

O 15º Caminho ativa a fé e a moral, que torna a vontade humana uma sabedoria que contém amor. É possível descobrir o que é necessário para que todos sejam felizes. Neste caminho, os corações são aquecidos e tranqüilizados; a busca é sincera e verdadeira; leva ao encontro de Deus sem pressa. Ele torna vivo o projeto evolutivo; por isso, os aprendizados e as purificações são aceitos como parte do caminho.

A Mandala do 15º Caminho atua sobre o inconsciente produzindo confiança no amor divino e abre-se um canal de comunicação para se ouvir a voz divina.

A Mandala 15 leva ao estado de consciência que permite fazer uma distinção entre o real e o imaginário. A alma já está muito limpa, mas ainda pode se envolver com estados fantasiosos da mente, o que esta mandala impede. Ela é a Consciência Estabilizadora. Quando você tirar a Mandala 15, este é o momento para dar descanso ao corpo e recuperar a sua energia. Procure tornar a mente mais confiante, e a conexão com Deus tornar-se-á fácil.

Como oráculo, a Mandala 15 traz as seguintes informações:
• Vai haver um casamento.
• Você terá muita ajuda espiritual.
• Mantenha os assuntos rotineiros, não tenha pressa.
• Seu trabalho terá um progresso gradual e certo.
• Dê atenção à pele e aos olhos.

MEDITAÇÃO PARA A MANDALA 15

Inteligência Constitutiva, Calor do Mundo!

Que possas dissolver as Brumas da Pureza, para eu ouvir a Voz Sublime. A união da sabedoria e do amor me alimentam.

Querubins e Virtudes, vossa ajuda eu invoco.

Mandala 16: o 16º Caminho

Este caminho pode representar o uso do livre-arbítrio ou a vitória sobre a tentação.

O 16º Caminho ativa a liberdade. Ele traz a possibilidade do erro; por isso, é um caminho perigoso para quem não está firme. Pode haver abuso de poder ou uso equivocado dos poderes de decisão, o que dá início a uma fase de propósitos egoístas para o buscador, que pode perder seu objetivo inicial.

A Mandala do 16º Caminho atua sobre o inconsciente, produzindo atração pelo que é fácil e agradável.

A Mandala 16 leva ao estado de consciência que permite entrar no Jardim do Éden, que é um ponto de descanso e de tentação para o buscador. Ele representa um descanso para o caminhante, que ali não encontra nada que o faça esgotar-se. No entanto, é preciso fazer a aliança certa, para não sofrer atrasos na jornada. Seu nome é

Consciência Gloriosa. Quando você tirar a Mandala 16, este é o momento para dar repouso ao corpo e poupar energias. A mente está sobrecarregada, o que às vezes impede sua conexão com Deus.

Como oráculo, a Mandala 16 traz as seguintes informações:
- Você terá que fazer uma escolha importante.
- Se seguir o seu coração neste momento, deve acertar.
- Prepare-se para dizer não a uma tentação.
- Cuide do estômago e do sistema nervoso.
- No trabalho, este é o momento de falar das suas realizações.

MEDITAÇÃO PARA A MANDALA 16

Inteligência Triunfante, Eterna Volúpia da Glória!

És o Paraíso da Volúpia, que está preparado para os justos.
Sobre mim Tua orientação se derrama.

Paraíso da Glória, recebe minha alma.

Querubins e Dominações, vossa ajuda eu invoco.

Mandala 17: o 17º Caminho

Este caminho significa direção. Ele representa o rumo a tomar para que se possa ter elevação na vida material e espiritual.

O 17º Caminho ativa a projeção da vontade individual, pois ele é a inteligência produzindo efeitos concretos sobre as ações e os projetos. Tudo é feito de acordo com as regras divinas; por isso, o resultado é sempre de nível superior. Há entendimento sobre os planos evolutivos de inspiração divina, que são aceitos no coração. Não há mais dúvida nem vacilação.

A Mandala do 17º Caminho atua sobre o inconsciente, produzindo atitudes de otimismo, que ajudam a alcançar o progresso.

A Mandala 17 leva ao estado de consciência que não admite mais abrigar em seu interior aquilo que não é belo. A tarefa para conseguir isso é dura, pois exige determinação. Ao trilhar este caminho, o buscador percebe que a Vontade Divina é superior à sua pequena vontade. Mas também percebe que quem realiza o trabalho evolutivo é ele, através de suas ações. O nome deste estado é Consciência da Sensação.

Quando você tirar a Mandala 17, este é o momento para redirecionar as atividades do seu corpo, pois ele está recebendo muita energia suplementar. A mente precisa de um bom controle, pois só assim aproveitará da conexão com Deus que já está estabelecida.

Como oráculo, a Mandala 17 traz as seguintes informações:
- Não deixe nada ao acaso, tenha um rumo definido.
- Terá uma viagem a fazer.
- Atenção com os braços.
- Você está iniciando uma fase de progresso.
- Controle as situações com firmeza.

MEDITAÇÃO PARA A MANDALA 17

Inteligência de Predisposição, Fundamento da Beleza!

Meu rumo está em Ti; minha pequena Vontade Humana é orientada pela Tua Vontade.

Tronos e Virtudes, vossa ajuda eu invoco.

Mandala 18: o 18º Caminho

Este caminho significa justiça. Ele simboliza a colheita que cada ser faz, a qual é sempre de acordo com suas obras.

O 18º Caminho ativa a busca pelo equilíbrio e exige um certo esforço físico para escapar da passividade. Estar neste caminho, para o buscador, significa algum tipo de renúncia ou submissão. Pode ser uma exigência que a alma ainda não está preparada para enfrentar, mas para a qual está se adestrando. Durante este trecho da sua caminhada, essa capacidade será desenvolvida plenamente.

A Mandala do 18º Caminho atua sobre o inconsciente produzindo regulação dos processos e codificação dos símbolos.

A Mandala 18 leva ao estado de consciência que impulsiona à busca dos mistérios ocultos; a sombra torna-se algo que desperta curiosidade. Já há livre-arbítrio para as suas próprias decisões, mas ainda não se consegue entender as decisões alheias.

Neste ponto da caminhada nasce o julgamento do outro ser, que é o engano freqüente deste caminho. O nome deste estado é Consciência da Morada do Influxo.

Quando você tirar a Mandala 18, este é o momento para entender seu corpo e analisar que tipo de energia ele quer receber. A mente está analítica, mas muito passiva no momento de fazer a conexão com Deus.

Como oráculo, a Mandala 18 traz as seguintes informações:
- Você terá que se envolver com assuntos legais e com advogados.
- Você está para receber algo pelo qual se esforçou.
- Dê atenção aos intestinos.
- Cuidado com assaltos e roubos.
- Aceite o que vier como sendo na medida exata do que precisa.

MEDITAÇÃO PARA A MANDALA 18

Morada da Afluência, Poder da Justiça.

De Ti recebo aquilo que mereço; que Tua Espada seja branda e Tua Balança equilibrada.

Tronos e Potestades, vossa ajuda eu invoco.

Mandala 19: o 19º Caminho

Este caminho significa prudência. Ele simboliza a restrição necessária, para que os processos anteriores sejam compreendidos.

O 19º Caminho ativa algumas limitações, o que nem sempre está nos planos do buscador. Há alguma queda de energia, e isso deve ser entendido como necessidade de fazer algo diferente do que estava sendo feito. As descobertas feitas neste ponto serão uma recompensa pela superação dos limites impostos pelo caminho. É através do trabalho duro feito nesta etapa que tudo adquire uma dimensão maior nos passos seguintes. Os rituais tornam-se uma necessidade e são uma forma de alcançar ativação energética.

A Mandala do 19º Caminho atua sobre o inconsciente produzindo calma e desaceleração das necessidades orgânicas.

A Mandala 19 leva ao estado de consciência que ajuda a entender os Mistérios Ocultos, que já estavam sendo investigados. É preciso filtrar os fluxos de energia que são recebidos, sabendo selecionar aquilo que serve para o momento. Imagine que recebeu suprimentos para preparar cem refeições e só deve fazer um prato de comida. Ela é a Consciência do Mistério de Todas as Atividades Espirituais.

Quando você tirar a Mandala 19, este é o momento para impor limites às necessidades do seu corpo e dosar os gastos de energia. A mente está muito alerta e faz boa conexão com Deus.

Como oráculo, a Mandala 19 traz as seguintes informações:
- Faça economia e abra uma poupança.
- Você irá alcançar resultados em seus rituais.
- Cuide do que pode se tornar uma doença crônica.
- Esta é uma promessa de vida longa.
- Restrição para os negócios e abertura para o estudo.

MEDITAÇÃO PARA A MANDALA 19

Inteligência do Oculto, Razão de Todas as Atividades Espirituais!

Em Ti entendo o Mistério Cósmico e preparo-me para
uma nova etapa da minha evolução.

Dominações e Potestades, vossa ajuda eu invoco.

Mandala 20: o 20º Caminho

Este caminho significa instabilidade. Ele é representativo da ação do tempo sobre todas as coisas e traz alternância de situações.

O 20º Caminho ativa o que está lento e emperrado, mas ele nem sempre traz o que o coração deseja. Ele contém a compaixão e a beleza, mas não para quem já as possui. Ele representa o momento no qual o buscador retoma sua caminhada e renova seus propósitos. Há movimento, sorte e ajuda do destino para que a busca aconteça e também há entraves e má sorte, que só passam para quem desenvolve uma fé verdadeira no coração.

A Mandala do 20º Caminho atua sobre o inconsciente produzindo argumentos mentais que justificam a existência da fé.

A Mandala 20 leva ao estado de consciência que permite que se entenda as vidas presente e passada. Através da experiência, uma alma torna-se útil aos outros seres que precisam de orientação. As trilhas que levaram a desvios são sinalizadas, para que outros não se percam nelas. É neste ponto que se formam os bons e verdadeiros instrutores espirituais. Ela é chamada de Consciência da Vontade.

Quando você tirar a Mandala 20, este é o momento para movimentar o corpo e fazer a energia circular. A mente está acelerada e faz conexão com Deus de forma instável.

Como oráculo, a Mandala 20 traz as seguintes informações:
- Espere alterações na sua vida material e espiritual.
- Você terá mais sorte; jogue ou aplique seus recursos em algo incerto.
- Se está muito bem, pode haver instabilidades; não arrisque.
- Dê atenção ao sistema circulatório.
- O amor está numa fase incerta.

MEDITAÇÃO PARA A MANDALA 20

Inteligência da Vontade, Sagrada Alternância!

Que Tua Vontade faça girar a Roda da Vida e que com o seu movimento o meu destino se cumpra.

Dominações e Virtudes, vossa ajuda eu invoco.

Mandala 21:
o 21º Caminho

Este caminho significa força. Ele simboliza um momento de domínio e manipulação, no qual há facilidade para chegar aonde se quer.

O 21º Caminho ativa o uso das reservas energéticas. É um momento no qual a bondade divina conduz à vitória. O buscador bem direcionado pode contar com facilidades e harmonia, desde que entenda o programa evolutivo que está sendo traçado para ele nas suas sucessivas encarnações. É bom lembrar sempre que, no final desta etapa, terá que dar conta daquilo que fez.

A Mandala do 21º Caminho atua sobre o inconsciente produzindo ampliação das capacidades mediúnicas.

A Mandala 21 leva ao estado de consciência no qual o buscador sente que suas possibilidades são ampliadas e acessadas com mais facilidade. A caminhada espiritual fica mais fácil e há conquistas significativas. Ele une bondade e abundância com beleza e amor. Cuidado para não se sentir poderoso demais ao trilhar este caminho.

Quando você tirar a Mandala 21, este é o momento para usar os potenciais do seu corpo, ativando a energia sexual superior. A mente está dominada e faz conexão com Deus quando necessita.

Como oráculo, a Mandala 21 traz as seguintes informações:

- Exerça controle sobre os seus desejos.
- Você está com força para obter o que quiser.
- Não imponha a sua vontade sobre a dos outros.
- Dê atenção aos órgãos sexuais.
- Você pode eliminar um mau hábito, um vício ou uma dependência.

MEDITAÇÃO PARA A MANDALA 21

Inteligência da Conciliação, que Agrada ao Peregrino que Busca!

Tua Força é minha, e neste ponto me adestro para o controle, uso com sabedoria e compaixão aquilo que me ofereces.

Dominações e Principados, vossa ajuda eu invoco.

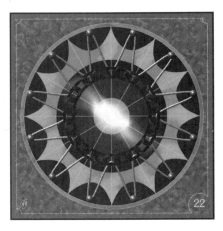

Mandala 22: o 22º Caminho

Este caminho significa karma. Ele representa o ponto no qual temos que enfrentar e nos libertar de elos kármicos.

O 22º Caminho ativa os caminhos inferiores, que nos trazem aquilo que escolhemos fazer ao encarnar. É sempre um momento de limitações, que nos tolhe temporariamente o progresso material e espiritual. Pode ser uma passagem rápida ou demorada; depende daquilo que for feito pelo buscador. Ele tem duas opções: ou reage e encontra saídas, ou se conforma e fica num processo de purificação. As duas atitudes realizam o trabalho da alma que está representado por essa etapa da caminhada.

A Mandala do 22º Caminho atua sobre o inconsciente produzindo acomodação aos processos de limitação.

A Mandala 22 leva ao estado de consciência que permite entender a Vontade Divina e, fazendo isso, aceitá-la. Com essa clareza mental, evita-se dar atenção ao que está abaixo e é, portanto, inferior ao que já foi alcançado pela alma. Este ponto é chamado de Consciência Fiel, pois o ser é fiel ao seu processo evolutivo.

Quando você tirar a Mandala 22, este é o momento para deixar o corpo repousar e poupar sua energia. A mente precisa buscar novas maneiras de ver as coisas e a conexão com Deus é feita pela entrega ao seu Divino Projeto.

Como oráculo, a Mandala 22 traz as seguintes informações:
- Aquilo que está atrapalhando é, na verdade, um assunto kármico.
- Não se acomode nem fique inerte.
- Um novo amor pode ser um relacionamento kármico.
- Cuide dos pés, para não ter limitações na sua locomoção.
- Há impedimentos para negócios; espere um momento mais favorável.

MEDITAÇÃO PARA A MANDALA 22

Inteligência Fiel, Virtudes Espirituais Acumuladas!

Em Ti purgo a minha Dor e enfrento as Sombras; daqui me farás sair para uma nova vida, que construirei.

Serafins e Virtudes, vossa ajuda eu invoco.

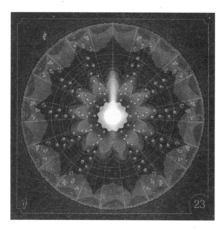

Mandala 23: o 23º Caminho

Este caminho significa transformações radicais. Ele simboliza o fim necessário, no qual não há possibilidade de retorno.

O 23º Caminho ativa as crises. É um momento muito difícil para o buscador, que vê suas estruturas de poder confrontadas com a falta de consistência. Ele traz a eliminação e o fim daquilo que já não existia mais. Parece que tudo é arrasado; mas é sobre os restos dessa estrutura decomposta que uma nova construção será realizada. No fim, já dizia o sábio, tudo é bom quando termina bem.

A Mandala do 23º Caminho atua sobre o inconsciente produzindo a necessidade de eliminação daquilo com que não é possível conviver por mais tempo.

A Mandala 23 leva ao estado de consciência, no qual uma grande luz é dirigida sobre o que é mais crítico na vida do buscador. Em vez de ter uma pequena luz, há muita clareza para perceber o que deve ser feito. Essa luz informa e dá sustentação energética ao que acontecer; por isso é chamada de Consciência de Apoio.

Quando você tirar a Mandala 23, este é o momento para não descuidar do corpo porque sua energia reflete toda a carga que está suportando. A mente está em conexão com Deus, mas não percebe isso.

Como oráculo, a Mandala 23 traz as seguintes informações:
• Há uma crise se movimentando; ela está a ponto de chegar.
• Espere um corte numa área da sua vida.
• Depois deste momento, tudo fica melhor.
• Você pode precisar fazer uma cirurgia.
• As mudanças serão radicais, mas são necessárias.

MEDITAÇÃO PARA A MANDALA 23

Inteligência Estável, Sagrado Destruidor!

Por Ti minhas estruturas são abaladas; mas o que eliminas já não tinha Vida nem Razão para existir. Sobre a nova base farei outra construção.

Potestades e Arcanjos, vossa ajuda eu invoco.

Mandala 24: o 24º Caminho

Este caminho significa continuidade. Ele representa a fluidez e a suavidade dos processos que não são interrompidos.

O 24º Caminho ativa a produção de imagens mentais com forma vibratória, que são como moldes energéticos daquilo que será em breve uma realidade material. Se queremos harmonia e expressão no mundo físico, essas condições são preparadas neste caminho. É onde o buscador dá forma ao seu pensamento e ativa as energias necessárias para que ele se torne uma verdade real.

A Mandala do 24º Caminho atua sobre o inconsciente, produzindo sonhos inspiradores e imagens dos nossos anseios mais profundos. Essas formas oníricas poderão servir para estimular a sua futura concretização.

A Mandala 24 leva àquele estado de consciência que pede uma profunda ligação com os mistérios que envolvem a manipulação das energias sutis. Este é um aprendizado essencial para as etapas futuras do desenvolvimento espiritual. Neste ponto, o buscador sente o seu isolamento como algo essencial para suas criações mentais. Ele é a Consciência Imaginativa.

Quando você tirar a Mandala 24, este é o momento para abastecer o corpo de energias sutis. A mente exercita a imaginação para fazer desses recursos uma forte conexão com Deus.

Como oráculo, a Mandala 24 traz as seguintes informações:
- Não espere muitas alterações para já.
- No momento, deixe tudo continuar como está; deixe fluir.
- Dê atenção ao sistema imunológico.
- Se você gosta de Magia, é hora de aprender e de praticar rituais.
- Realize uma transmutação nos sentimentos negativos que surgirem.

MEDITAÇÃO PARA A MANDALA 24

Inteligência Imaginativa, Formadora da Beleza e da Vitória!

Em Ti os resultados são experimentados e tudo flui para a nossa realização espiritual e material.

Virtudes e Principados, vossa ajuda eu invoco.

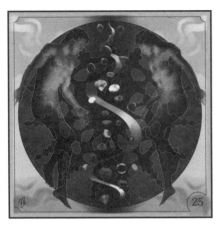

Mandala 25: o 25º Caminho

Este caminho significa tentação. Ele representa o grande teste da alma evoluída, cuja caminhada já está adiantada.

O 25º Caminho ativa o livre-arbítrio com muita intensidade e proporciona aquilo que pode tirar o buscador de sua busca. Os poderes da imaginação, presentes no estágio anterior, crescem. Quem se deixa envolver por eles torna-se vítima e escraviza-se. Esta é uma luta entre a imaginação e a verdade; só uma escolha correta ajuda a escapar do perigo que este caminho representa.

A Mandala do 25º Caminho atua sobre o inconsciente, produzindo atrações variadas pelo sexo oposto, que parece ser a fonte das soluções e da felicidade.

A Mandala 25 leva ao estado de consciência que acelera a manifestação das imperfeições da alma e suas limitações diante do desejo. A verdadeira natureza humana, que busca melhorar, mas não acha isso fácil, é testada com muita intensidade neste ponto da sua caminhada evolutiva. Esta Mandala representa, portanto, o momento de viver o grande teste da alma. O nome deste estado é Consciência da Tentação.

Quando você tirar a Mandala 25, este é o momento para domar as tendências do corpo e controlar suas energias. A mente não consegue fazer uma correta conexão com Deus, e não consegue ser ajudada na hora de tomar a decisão final.

Como oráculo, a Mandala 25 traz as seguintes informações:
- Prepare-se para uma grande tentação.
- Vai haver muita confusão ao seu redor; não confie nas aparências.
- Você pode ser lesado ou roubado, mas é você quem vai facilitar.
- Dê atenção à sua garganta.
- Alguém exerce um domínio espiritual negativo sobre você.

MEDITAÇÃO PARA A MANDALA 25

Inteligência de Prova, Tentação Ativa.

Tu me testas e eu sei que posso falhar. Meus desejos são intensos, mas serão dominados pela Tua Verdadeira Lei.

Virtudes e Anjos, vossa ajuda eu invoco.

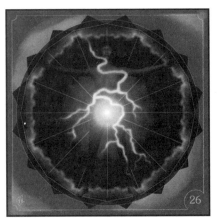

Mandala 26: o 26º Caminho

Este caminho significa fragilidade. Ele simboliza a grande ameaça que uma alma encontra no seu caminho evolutivo.

O 26º Caminho ativa a renovação, que chega de forma inesperada e drástica. Essa renovação atinge o buscador como um raio. O que acontece neste ponto pode ser comparado a um castigo ou a uma punição. De certo modo há merecimento ou descuido no retorno difícil que é recebido.

A Mandala do 26º Caminho atua sobre o inconsciente, produzindo alívio da culpa e afastando o medo das más energias.

A Mandala 26 leva ao estado de consciência desperta, pois faz com que todas as etapas anteriores sejam revistas. A capacidade de controlar a natureza inferior começa neste ponto da caminhada espiritual, depois do choque que ela impõe. Para realizar o que é proposto, é preciso deixar de lado as aparências e a fraqueza, partindo para atitudes nas quais a vontade é exercida com base em intenções sérias. Quando você tirar a Mandala 26, esse é o momento para cuidar dos acidentes que podem atingir seu corpo; suas energias potenciais precisam ser estimuladas. A mente não faz conexão consciente com Deus, mas recebe grande quantidade de impulsos que afetam os seus pensamentos.

Como oráculo, a Mandala 26 traz as seguintes informações:
• Atenção para evitar acidentes.
• Este é um momento de muita fragilidade, em várias áreas.
• Algo muito difícil está para acontecer; só a fé pode evitar.
• Na saúde haverá alguma doença inesperada.
• No trabalho há tumulto que desestrutura as bases.

MEDITAÇÃO PARA A MANDALA 26

Inteligência que Renova, Portadora da Centelha de Luz!

Tu sabes o que me espera, e podes tirar do meu caminho o tropeço.
Que Tua Beleza e Glória se movimentem para o meu bem.

Virtudes e Arcanjos, vossa ajuda eu invoco.

Mandala 27: o 27º Caminho

Este caminho significa esperança. Ele simboliza um momento no qual a luz volta a inundar o coração.

O 27º Caminho ativa as boas idéias e traz grande capacidade criativa a todos os setores. Para o buscador, é a volta ao caminho, cheio de boas inspirações, com o coração iluminado. Este é um caminho que ativa a mente e desperta a sensibilidade intuitiva. Todo o movimento realizado neste ponto ajuda a estimular a formação de planos úteis e idealistas. É preciso muito esforço material para concretizar o que ainda é um plano mental.

A Mandala do 27º Caminho atua sobre o inconsciente, produzindo inspiração e ideais elevados.

A Mandala 27 leva ao estado de consciência que torna o buscador plenamente informado da sua capacidade criativa. Ela inspira as metas evolutivas, para que se concretizem déntro de um idealismo sensível. O plano mental dirige as inspirações de tal maneira que a arte é uma forma expressiva neste ponto. O nome deste estado é Consciência Palpável.

Quando você tirar a Mandala 27, este é o momento para inundar o seu corpo com a energia dos astros e colocar a sua mente em conexão com Deus através do poder das estrelas.

Como oráculo, a Mandala 27 traz as seguintes informações:

- Tenha esperança; tudo vai melhorar.
- Coloque as suas idéias em prática.
- Dê atenção à higiene dos ambientes que freqüenta.
- Seja prático e concretize seus ideais com ações diretas.
- Arte, artesanato e o que se faz com as mãos pode gerar dinheiro.

MEDITAÇÃO PARA A MANDALA 27

Inteligência Excitante, Ritmo e Vibração!

Tu me inspiras e a Glória ressurge. Tu me iluminas e a Vitória é minha.

Principados e Arcanjos, vossa ajuda eu invoco.

Mandala 28: o 28º Caminho

Este caminho significa ilusão. Ele é representativo do mundo oculto e traz muitas fantasias e sensações intuitivas.

O 28º Caminho ativa uma base para aquilo que se quer realizar, pois ele faz vislumbrar o futuro. Há necessidade de melhorar os canais receptivos das mensagens ou aprimorar a mediunidade para tirar melhor proveito daquilo que é recebido. O buscador sente temores ou insegurança quando chega a este ponto, porque ele sabe que está prestes a descobrir mistérios.

A Mandala do 28º Caminho atua sobre o inconsciente produzindo fortes intuições e algumas fantasias.

A Mandala 28 leva ao estado de consciência que é ligado a imagens da realidade futura. Ele facilita a expressão dos dons mediúnicos e produz fortes impressões físicas. Neste ponto da caminhada, o buscador abre seu terceiro olho e esta Mandala estimula o uso da visão intuitiva desse centro de energia. É a Consciência Natural.

Quando você tirar a Mandala 28, este é o momento para receber sensações no corpo e ter energia renovada. A mente cria fantasias e visões, faz conexão com Deus com certa descrença ou medo.

Como oráculo, a Mandala 28 traz as seguintes informações:

- Você terá sonhos e fantasias.
- Aprenda a separar realidade e ilusão.
- Há algo oculto a descobrir.
- Não confie nas mulheres.
- Terá problemas com a água.

MEDITAÇÃO PARA A MANDALA 28

Inteligência Natural, Fundamento da Vitória!

Tua percepção sensível é um dom da Lua. Que eu possa absorver dos raios de prata mais bênçãos.

Principados e Anjos, vossa ajuda eu invoco.

Mandala 29:
o 29º Caminho

Este caminho significa sucesso. Ele abastece o plano material com a essência da luz mais refinada.

O 29º Caminho ativa a formação do corpo humano e a estrutura do coração. Com essa base, as boas qualidades da alma podem ser expressas na matéria. Há uma ligação forte com a luz divina, que é a responsável pelas emanações geradoras e formadoras do corpo físico, que se torna o modelo idealizado pelas mentes superiores. Neste caminho, o buscador recebe o corpo adequado para a sua caminhada evolutiva, seja ele perfeito ou não.

A Mandala do 29º Caminho atua sobre o inconsciente, produzindo felicidade, que é a apreciação da realidade que se tem.

A Mandala 29 leva ao estado de consciência que permite manipular de maneira positiva aquilo que se possui no plano material. Haverá estímulo para receber mais e mais, se houver bom senso no uso dos recursos que surgem. Ela agrega mais ao que já era muito, por isso também traz a responsabilidade de doar o que é um excesso. Essa mandala estimula suavemente atos caridosos. Seu nome é Consciência Física.

Quando você tirar a Mandala 29, este é o momento para usufruir de boa saúde e ter muita energia. A mente é capaz de fazer com facilidade sua conexão com Deus.

Como oráculo, a Mandala 29 traz as seguintes informações:
- Você pode esperar uma fase de sucesso e dinheiro.
- Você vai fazer uma boa associação matrimonial ou de negócios.
- Receberá apoio e ajuda de amigos.
- Dê atenção à ação da luz solar sobre a pele e ao coração.
- Sua imagem é importante; cuide dela.

MEDITAÇÃO PARA A MANDALA 29
Inteligência Corpórea, Reino da Vitória!
Tua realidade é o meu resultado. Ele é inigualável.
Principados e Almas de Fogo, vossa ajuda eu invoco.

Mandala 30: o 30º Caminho

Este caminho significa cobrança. Ele representa um momento de reflexão interior e a necessidade de fazer algo que gera uma limitação momentânea.

O 30º Caminho ativa as relações familiares, com tudo o que elas representam de limitadoras e exigentes. Há muita pressão interior para sair desta etapa, mas nada será feito enquanto uma obrigação não for cumprida integralmente. Quando a dívida estiver quitada, a libertação é imediata. Para o buscador, ele o coloca diante da necessidade de realizar o julgamento das pressões representadas pelas circunstâncias presentes e reorientar a sua caminhada, devido aos limites que são impostos pelo momento.

A Mandala do 30º Caminho atua sobre o inconsciente produzindo uma rápida alteração naquilo que representam as exigências e cobranças interiores. Ela é libertadora.

A Mandala 30 leva ao estado de consciência da adaptação, que permite entender a matéria e suas leis, aceitando a encarnação tal como ela foi planejada. Ela ajuda a integrar-se e aceitar sua família, seu país, seu idioma, sua classe social. Esta Mandala faz ver qual é a necessidade real do caminho, aquela que nos obriga a cumprir uma etapa limitadora. Ela é chamada de Consciência Geral.

Quando você tirar a Mandala 30, este é o momento para entender os limites do seu corpo e procurar distribuir melhor a sua energia. A mente não faz conexão com Deus com facilidade, mas receberá em breve um chamado para reforçar a vida espiritual.

Como oráculo, a Mandala 30 traz as seguintes informações:
• Sua família vai significar peso e obrigações.
• Você é muito cobrado, interna e externamente.
• Aprenda a traçar limites.
• Aceite um caminho repentino.
• Você terá desinteresse ou dificuldade para expressar a sua sexualidade.
• Está previsto um impedimento; cuide das pernas.

MEDITAÇÃO PARA A MANDALA 30

Inteligência Coletiva, Fundamento da Glória!

Tuas exigências me fazem crescer; a elas me submeto sem revolta; é a minha última purificação.

Anjos e Arcanjos, vossa ajuda eu invoco.

Mandala 31: o 31º Caminho

Este caminho significa plenitude. Ele simboliza a plena realização em todos os planos da existência.

O 31º Caminho ativa a capacidade de fazer a diferenciação e, assim, separar a realidade da imaginação. Ele mostra que os problemas são ilusões e são colocados no nosso caminho para nos testar e purificar. Ao atingir o grau de plenitude representado por este caminho, o buscador não se perde nas redes da ilusão e os problemas passam por ele sem afetar a sua vida.

A Mandala do 31º Caminho atua sobre o inconsciente, produzindo a sensação de estar pleno, completamente abastecido pela luz.

A Mandala 31 leva ao estado de consciência que permite dar à matéria a importância relativa que ela tem. Ao fazer isso, as doações integrais que o Universo tem para oferecer são recebidas em todos os planos, principalmente no material e no espiritual, que passam a ser abastecidos na medida necessária. A estabilidade das situações felizes é o resultado; por isso ela é chamada de Consciência Permanente.

Quando você tirar a Mandala 31, este é o momento para aproveitar de seu corpo, pois a energia é boa. A mente faz uma perfeita conexão com Deus e recebe amplas bênçãos.

Como oráculo, a Mandala 31 traz as seguintes informações:
- Anuncia a chegada de um momento perfeito.
- A plenitude irá se instalar.
- Na saúde, tudo ficará bem.
- Bons negócios e boas perspectivas financeiras.
- Muito amor e boas amizades.

MEDITAÇÃO PARA A MANDALA 31

Inteligência Perpétua, Reino da Glória!

Tuas bênçãos se espalham no meu ser e me abastecem de luz.

Arcanjos e Almas de Fogo, vossa ajuda eu invoco.

Mandala 32: o 32º Caminho

Este caminho significa abandono. Ele simboliza o ponto no qual o buscador desiste das suas conquistas e parte em busca de uma nova realidade, pois descobre outros interesses.

O 32º Caminho ativa a criação de canais receptivos com os quais podemos fazer uma melhor ligação com os planos superiores. Ele corresponde à criação de novas metas e à liberação das energias acumuladas e mal assimiladas. A alma precisa estabelecer conexão com o físico. Este processo pede liberdade e poucos limites.

A Mandala do 32º Caminho atua sobre o inconsciente, produzindo anseios de ampliação dos horizontes. Há muita vontade de viajar.

A Mandala 32 leva ao estado de consciência que permite fazer ligação com a energia emanada pelos astros, que redirecionam a caminhada espiritual, colocando necessidades e anseios que ainda não existiam. A maneira como isso acontece representa um ponto no qual todas as influências astrais ativas estabelecem um ritual de iniciação, no qual o que passou é abandonado para sempre. Há um renascimento. Esse processo é chamado de Consciência do Cerimonial.

Quando você tirar a Mandala 32, este é o momento para cuidar do corpo, pois ele está perdendo energia. A mente precisa ser disciplinada. Sua conexão com Deus está oscilante.

Como oráculo, a Mandala 32 traz as seguintes informações:
- Procure agir com responsabilidade.
- Não dê um passo sem refletir bastante.
- Pode haver queda e abandono.
- Cuide dos pés.
- Ir atrás da verdade não é esquecer as lições do passado.

MEDITAÇÃO PARA A MANDALA 32

Inteligência Auxiliar, Fundamento do Reino!

Tua verdade é a minha; por isso, abandono o passado e parto para tratar da construção do futuro.

Anjos e Almas de Fogo, vossa ajuda eu invoco.

**Outros livros de Celina Fioravanti
publicados pela Editora Pensamento**

Causas Espirituais da Depressão

Como Enfrentar Situações de Perda

Contato com Guias Espirituais

A Cura pelos fluidos (fora de catálogo)

Os Curadores do Espírito (fora de catálogo)

A Função Espiritual do Trabalho

Karma: A Origem da Dor

Mandalas – Como Usar a Energia dos Desenhos Sagrados

A Oração Viva

Religação

Tarô Místico

Uma Parcela de Deus

As Várias Encarnações de uma Alma